AF249536

Le 7 avril 1916.

MINISTÈRE DE LA GUERRE

GRAND QUARTIER GÉNÉRAL

3e BUREAU

INSTRUCTION

SUR

LE COMBAT A LA GRENADE

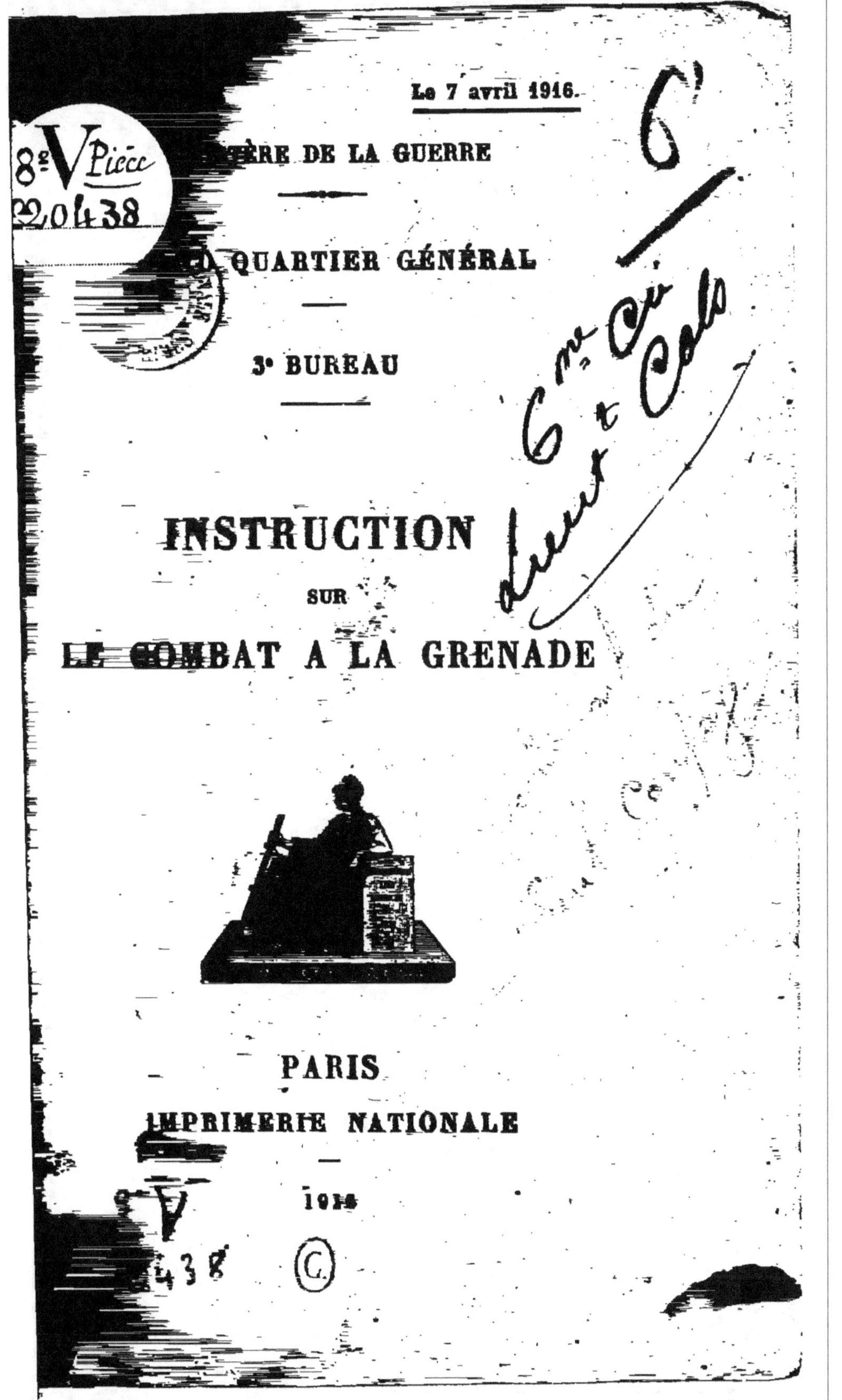

PARIS

IMPRIMERIE NATIONALE

1916

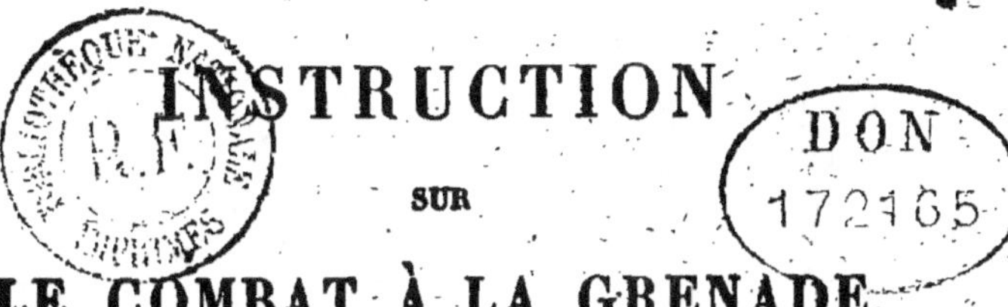

INSTRUCTION

SUR

LE COMBAT À LA GRENADE.

La grenade fait partie de l'armement de l'infanterie comme le fusil et la baïonnette. Tout fantassin doit être capable de combattre à la grenade.

Les soldats les plus habiles et les plus intrépides dans l'emploi de la grenade sont nommés grenadiers d'élite ; ils portent un insigne spécial sur le bras gauche.

Tous les officiers, sous-officiers et caporaux doivent être particulièrement aptes à ce mode de combat.

La présente Instruction a pour but de fixer les méthodes d'instruction et l'emploi tactique de la grenade.

Les méthodes d'instruction comprennent :

1° L'instruction individuelle : instruction donnée à chaque soldat et supplément d'instruction pour les grenadiers d'élite ;

2° L'instruction du groupe : instruction donnée à toutes les unités d'infanterie pour leur permettre de passer rapidement au combat à la grenade et instruction particulière à certains groupes ou unités choisis pour exécuter des coups de main.

L'emploi tactique de la grenade comprend :

— Les procédés habituels de combat qui doivent être connus par toute troupe d'infanterie ;

— Les procédés particuliers à l'exécution d'un coup de main.

PREMIÈRE PARTIE.

MÉTHODE D'INSTRUCTION.

I. — INSTRUCTION INDIVIDUELLE.

L'instruction comporte : des exercices de lancement et des théories sur la fabrication, le démontage et la manipulation des grenades.

1º Lancement.

Le « *lancement* » *est la base de l'instruction* du grenadier. La *précision* dans le lancement a la plus grande importance, car, outre l'avantage qu'elle donne au combat, elle

Fig. 1.

Viser l'objectif avec le bras gauche tendu.
Grenade dans la main droite.

1.

Fig. 2.

**Bras gauche maintenu dans la direction du but.
Ramener le bras droit en arrière.**

Fig. 3.

**Bras gauche sans changement. Main droite en arrière, bras tendu.
Regarder la grenade
et se rendre compte que rien ne la heurtera pendant le lancer.**

Fig. 4.

Regarder à nouveau l'objectif. Faire décrire au bras droit
un arc de cercle dans un plan vertical.

Fig. 5.

Lâcher la grenade,
l'épaule droite et le corps suivant le mouvement du bras.
Le bras gauche suit l'épaule gauche qui se «refuse».
La grenade ira dans la direction que visait le bras gauche.

diminue les risques d'accidents et la consommation grenades.

L'effet moral d'une grenade éclatant dans une tranché s'ajoute à son effet destructeur.

La grenade ne doit jamais être lancée rasante ni projetée le coude plié. *Le tir doit être plongeant.*

Le procédé normal de lancement de la grenade est celui qui est indiqué dans les figures 1, 2, 3, 4, 5. Ce procédé se modifie d'ailleurs suivant les diverses situations dans lesquelles l'homme peut se trouver (à genou, couché, derrière un obstacle).

Exercices de lancement de grenades. — Les hommes sont exercés tout d'abord à lancer des grenades *d'exercice* [1] en terrain découvert à des distances repérées. Les tranchées représentées par deux lignes tracées sur le sol à un mètre l'une de l'autre sont figurées à des distances de 20, 25, 30, 35 mètres, etc. (fig. 6).

Les lanceurs dans la tranchée A se placent. Ils s'exercent à lancer leurs grenades dans la tranchée B. Ils augmentent ensuite successivement la portée pour atteindre C, D, etc.

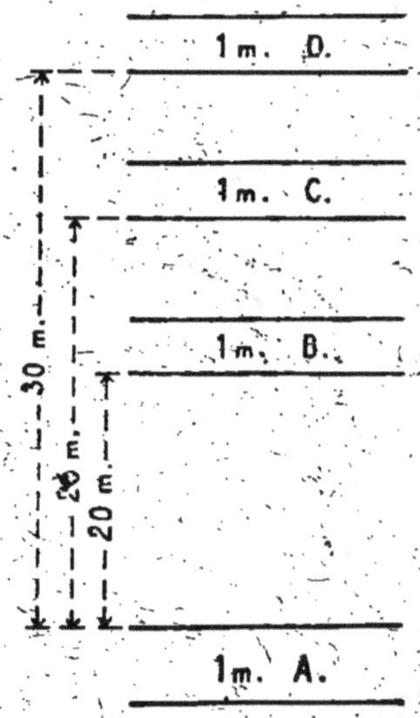

Les groupes peuvent être divisés par moitié, l'une à l'origine du tir, l'autre au but. La seconde renvoie les grenades à la première et ainsi de suite. On évite de la sorte des pertes de temps et l'intérêt de l'exercice est accru pour tous.

L'adresse et la précision peuvent être développées par l'emploi de cibles tracées sur le sol.

Les hommes doivent être exercés à lancer la grenade dans les positions debout, à genou et couchée.

Quand les élèves grenadiers ont acquis une précision suffisante, on les exerce à jeter des grenades d'une tranchée dans une autre, puis à progresser dans une tranchée en lançant les grenades par dessus les traverses.

Fig. 6.

Il est absolument nécessaire de disposer d'une tranchée d'instruction. On peut se contenter de creuser à 20 mètres

[1] Lorsqu'on ne dispose pas de grenades d'exercices, on peut se servir de pierres de forme et de poids convenables.

de distance l'un de l'autre deux éléments de tranchées munis de deux traverses séparées par un intervalle de tir.

Chaque fois qu'une troupe est au repos ou en réserve, il appartient à l'instructeur de préparer rapidement un terrain d'exercice. Des chemins creux, des talus, des obstacles naturels qu'il adaptera à ses besoins en quelques heures, serviront d'abris pour le lancement des grenades réelles.

2° Démontage des grenades. — Manipulation.

Cette instruction doit permettre au soldat de se servir sans danger de ces engins, de parer aux défectuosités éventuelles, aux imprévus.

L'attention sera particulièrement attirée sur les points suivants :

— Toute grenade est très dangereuse si elle est maniée sans précaution ;

— Le détonateur à lui seul est dangereux ;

— Si un allumeur prend feu accidentellement, on doit le jeter loin de toute personne. Dès que l'allumeur est fixé à une grenade, il faut éviter toute manipulation brusque.

Les grenades à fusil en service et leur emploi doivent être également connus de chaque fantassin.

INSTRUCTION DU GRENADIER D'ÉLITE.

En dehors de l'instruction commune donnée à tous les soldats, le grenadier d'élite reçoit une instruction particulière et suit un entraînement plus complet.

Cette instruction comprend :

— La confection des charges d'explosif ;
— La fabrication des grenades d'exercice ;
— L'utilisation des grenades et détonateurs allemands ;
— Le maniement des mortiers de tranchée de faible puissance.

L'entraînement spécial des grenadiers d'élite a pour but d'en faire des lanceurs habiles et confiants dans leur adresse, des moniteurs capables de donner l'exemple à leurs camarades et d'organiser le combat à la grenade.

Les grenadiers d'élite doivent être particulièrement exercés au tir des grenades à fusil. Continuellement aux aguets et prompts à saisir les occasions favorables, ils infligeront journellement à l'ennemi des pertes sensibles.

INSTRUCTION DU GROUPE.

L'instruction du groupe a pour but :

— D'apprendre à une troupe quelconque d'infanterie à préparer un combat à la grenade, à passer rapidement à ce mode de combat quand les circonstances de la lutte l'exigent ;

— A exécuter un coup de main au moyen de la grenade. (Cette partie ne s'adresse d'ailleurs qu'à des groupes ou unités choisis.)

Les hommes d'une unité ou d'un groupe de tirailleurs combattant à la grenade se divisent en :

Fusiliers,
Lanceurs,
Pourvoyeurs.

Il est indispensable que chaque soldat sache immédiatement se conformer à ces différentes missions à la seule désignation de « fusilier… lanceur… pourvoyeur… »

Rôle du chef de groupe.

Le chef de groupe dirige le combat. Il répartit les hommes suivant leurs aptitudes, les place de manière à ne pas les entasser dans les tranchées ou boyaux, organise les relèves des lanceurs et des pourvoyeurs ; il surveille le ravitaillement en grenades.

Le chef de groupe saisit promptement toutes les occasions d'avancer ; si la progression devient impossible, il se tient prêt à défendre le terrain pied à pied, multipliant les barrages.

Rôle de chacun des soldats
dans un groupe combattant à la grenade.

Fusiliers. — Les « fusiliers » doivent être choisis parmi les hommes les plus décidés et les plus alertes, être bons tireurs et adroits dans l'emploi de la baïonnette.

Leur rôle consiste à veiller sur la sécurité des « lanceurs ».

Dans l'attaque de front, à découvert, ils encadrent les « lanceurs » et les protègent par leur feu.

Dans les boyaux, ils précèdent les « lanceurs » et contournent les traverses ou sinuosités prêts à arrêter tout retour offensif de l'ennemi. Ils cherchent à se rendre compte *des points de chute* des grenades, aident à *rectifier le tir et signalent à leur chef de groupe l'instant où la progression est possible.*

Lorsque la progression est devenue impossible, ils préviennent leur chef. Sans attendre d'ordres, un barrage de sacs à terre est aussitôt établi et les « fusiliers » s'y postent, prêts à tirer.

Dans les combats de rues, ils surveillent spécialement les portes et les fenêtres.

Lanceurs. — Les « lanceurs » doivent être autant que possible des grenadiers d'élite. Les « lanceurs » *doivent avoir les mains absolument libres* pour pouvoir manipuler sans difficulté les grenades, ils portent le fusil en bandoulière au cours du combat.

Pour leur défense, ils sont en outre pourvus d'un revolver et d'un couteau de tranchée.

Les « lanceurs » pourront ne pas emporter le fusil toutes les fois que le combat ne sera pas poursuivi, par exemple dans l'exécution d'un coup de main.

Pourvoyeurs. — Les « pourvoyeurs » assurent le ravitaillement en grenades. Ils remplacent les « lanceurs » si ceux-ci sont mis hors de combat.

Formations de marche
des fractions destinées à combattre à la grenade.

Ces fractions emploient les procédés habituels de progression des patrouilles et reconnaissances.

Le chef de groupe se tient à la place la plus propice pour diriger son groupe.

Les fusiliers sont disposés pour éclairer la marche en avant et sur les flancs et pour protéger les grenadiers en cas de rencontre avec l'ennemi.

Dans la marche en terrain découvert ces fractions marchent en tirailleurs. Les fusiliers sont répartis dans la ligne et particulièrement groupés aux ailes pour encadrer les grenadiers ; en cas de rencontre avec l'ennemi, les fusiliers qui éclairent la marche rentrent dans la ligne.

Pour marcher dans les boyaux, les fractions se forment en colonne par un dans l'ordre : fusiliers, lanceurs, pourvoyeurs.

EXERCICES DE GROUPE.

Les exercices de groupe se font sur un terrain d'exercice préparé.

On apprendra à la troupe à se diviser rapidement en fusiliers, lanceurs, pourvoyeurs et la conduite que chacun de ces hommes doit tenir dans les diverses circonstances de combat qui sont indiquées plus loin.

Les hommes doivent toujours travailler *dans le plus grand silence*, communiquant autant que possible par *gestes* et *signaux*.

Exercices,

1° **Défense d'une tranchée à la grenade.** — Emplacement des grenadiers, des niches à grenades, établissement d'un barrage à la grenade ;

2° **Combat dans les boyaux.** — Marche dans les boyaux, conquête et défense pied à pied ;

3° **Assaut d'une tranchée préparé à la grenade.**

4° **Nettoyage d'une tranchée en la prenant de flanc ;**

5° **Exécution d'un coup de main.**

Formation pour marcher en terrain découvert le jour et la nuit.

Approche rapide après préparation par l'artillerie et les engins de tranchée.

Attaque par surprise la nuit.

Nettoyage rapide de la tranchée, surveillance pendant le nettoyage.

L'organisation du ravitaillement constituera une des préoccupations principales dans chaque exercice.

DEUXIÈME PARTIE.

EMPLOI TACTIQUE DE LA GRENADE.

Défense d'une tranchée.

Des emplacements de grenadiers et des dépôts de grenades doivent être prévus dans le plan de défense des secteurs.

Les grenadiers sont répartis par petits groupes tout le long de la ligne ; leur nombre est augmenté sur les fronts les plus exposés (saillants, parties très voisines de la tranchée ennemie). Il y a intérêt, dans ce cas, à doubler ces éléments de tranchée par d'autres éléments très rapprochés des premiers, de manière à former en quelque sorte deux rangs de grenadiers en ces points.

Afin d'éviter les pertes journalières aux endroits où les tranchées sont très rapprochées, il faut prendre nettement la supériorité du lancement des grenades pour rendre à l'ennemi le *séjour de sa tranchée intenable.*

Des emplacements de grenadiers et des dépôts de grenades seront prévus dans la tranchée de doublement, à l'entrée des boyaux et sur le parcours des boyaux d'une certaine longueur, dans les abris-cavernes pour permettre d'en déboucher dans le cas où la tranchée serait envahie par l'ennemi.

Les diverses fractions doivent être exercées à organiser rapidement des contre-attaques à la grenade pour reprendre toute partie de tranchée qui serait perdue.

Combat à la grenade dans les tranchées ou les boyaux.

Les dispositions prises pour le combat dans les boyaux doivent tendre surtout à *éviter l'entassement.* Il faut n'exposer au jet des grenades ennemies que le strict minimum des hommes nécessaires et leur laisser la possibilité de se mouvoir facilement.

Ce combat est très pénible, il faut donc prévoir des relèves fréquentes ; en outre le chef de groupe doit pouvoir remplacer instantanément tous les hommes mis hors de combat et faire renforcer, en cas de besoin, le groupe de tête par de nouveaux fusiliers ou lanceurs.

Il faut observer le plus profond silence pour écouter tous les bruits venant du côté de l'ennemi qui serviront d'indices; par suite communiquer le plus possible par gestes et signaux.

La figure suivante donnée à titre d'indication montre la disposition des hommes.

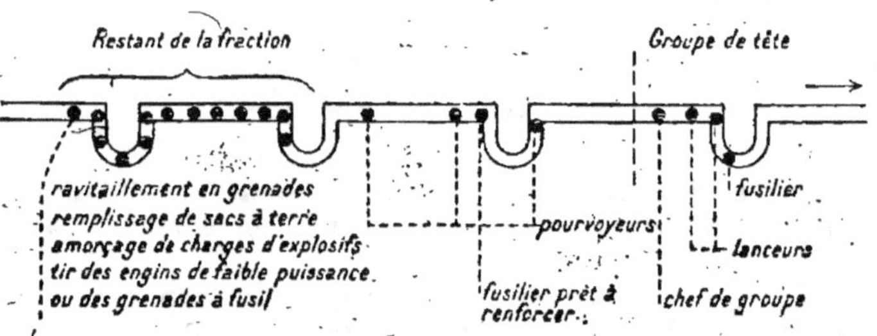

Fig. 7.

Les grenadiers approvisionnés sans interruption par les pourvoyeurs lancent continuellement des grenades, l'un sur le groupe ennemi le plus proche, l'autre le plus loin possible, afin de gêner le ravitaillement en grenades. Les barrages de sacs à terre sont éventrés autant que possible avec des charges d'explosif.

Quand le groupe de tête juge que l'ennemi est accablé (ralentissement ou arrêt dans le jet des grenades, indices fournis par les bruits) le fusilier se glisse dans la fumée, jette un coup d'œil au tournant et fait signe à ses camarades; ainsi on progresse de tournant en tournant ou de traverse en traverse.

Lorsque le fusilier aperçoit l'entrée d'un boyau latéral il le signale aux lanceurs. Ceux-ci jettent des grenades dans ce boyau qui est ensuite exploré, afin d'éviter toute surprise.

Si la progression ne doit pas être poursuivie dans cette nouvelle direction, on établit assez loin du boyau principal pour le mettre hors de portée des grenades, un barrage de sacs à terre qui est gardé.

Un groupe est spécialement chargé de remplir des sacs à terre afin de permettre l'exécution rapide d'un barrage.

Il y a intérêt à se servir de grenades à fusil ou de mortiers de faible puissance pour gêner à une grande distance le ravitaillement en grenades de l'ennemi.

Lorsque l'ennemi a réussi à conquérir momentanément la supériorité, il faut défendre le terrain pied à pied jusqu'au moment où on reprendra l'avantage. Dans ce cas, multiplier les barrages pour ralentir la progression de l'ennemi, obstruer la tranchée par des amoncellements de sacs à terre ou la faire ébouler pour obliger l'ennemi à se montrer à découvert devant les fusils (fig. 8).

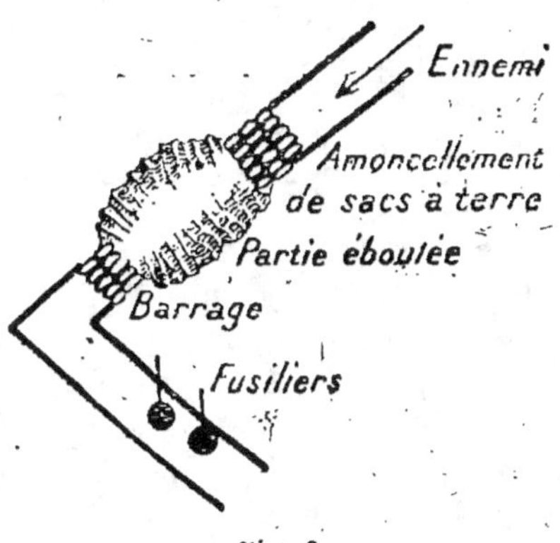

Fig. 8.

Attirer l'ennemi sur un point où il sera possible de mettre en ligne un plus grand nombre de grenadiers que lui (fig. 9).

Simuler des cris de blessés pour attirer l'ennemi sous le feu des fusils et lui infliger une surprise.

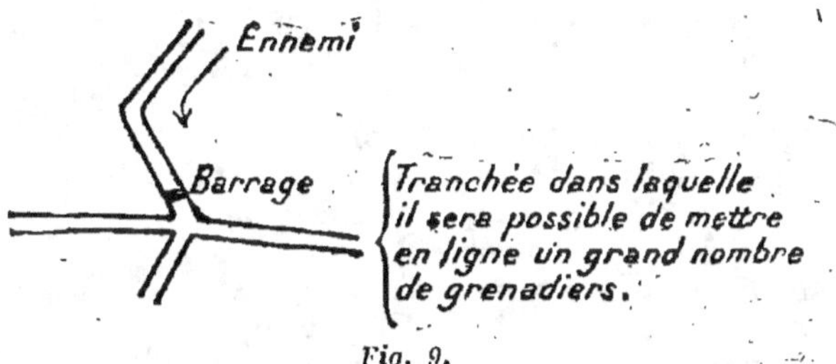

Fig. 9.

Assaut d'une tranchée préparé à la grenade.

L'assaut est en général une action d'ensemble qui s'exécute sous la protection de rafales puissantes d'artillerie. Mais parfois au cours du combat, une fraction arrive à se loger tout près d'une fraction ennemie, la préparation par l'artillerie ne peut pas se faire. On essaie alors d'accabler l'ennemi à coups de grenades pour se jeter ensuite sur lui à la baïonnette.

Quelques tirailleurs munis de grenades, particulièrement les grenadiers d'élite, se rapprochent de l'ennemi en utilisant tous les accidents du sol. Pendant ce temps, le reste du groupe attend, abrité, le moment de donner l'assaut.

Les grenadiers accablent l'ennemi sous une grêle continue de grenades bien dirigées et l'obligent soit à évacuer la place, soit à se garer dans ses abris. A ce moment on donne l'assaut,

EMPLOI DE LA GRENADE DANS L'ATTAQUE D'UNE POSITION FORTIFIÉE.

L'assaut est suivi d'une lutte à l'intérieur de la position ennemie. Cette lutte peut être préparée à l'avance grâce à la connaissance des organisations ennemies.

On peut donc fixer à certains groupes de grenadiers des missions bien déterminées telles que :

Progression dans les boyaux vers la position intermédiaire ou la deuxième position;

Nettoyage des tranchées et des abris.

Les groupes qui ont reçu ces diverses missions seront exercés à l'avance.

Le nettoyage des tranchées comporte deux opérations distinctes qui ne doivent pas être exécutées par les mêmes fractions :

La destruction des fractions ennemies qui continuent à se défendre en certains points;

Le nettoyage proprement dit qui consiste à s'assurer qu'il ne reste pas d'ennemis dans les tranchées et abris conquis.

Les groupes qui doivent forcer les résistances éventuelles comprennent des grenadiers d'élite. Ils marchent avec la deuxième vague; continuellement sur leurs gardes, ils courent aussitôt sur les résistances qui se révèlent en longeant autant que possible les tranchées, de manière à se présenter du côté le moins défendu.

Les fractions chargées du nettoyage des tranchées proprement dit suivent un itinéraire déterminé; elles longent rapidement les tranchées et boyaux, leur mouvement est réglé de façon que pas une partie des tranchées ennemies ne soit oubliée.

Afin de ne pas s'attarder, les nettoyeurs de tranchées ne descendent pas dans les tranchées ou boyaux, ils sèment des grenades sur leur passage; leur attention doit se porter principalement sur les abris dont les ouvertures souvent obstruées par le bombardement ne sont pas toujours apparentes. Les prisonniers sont rassemblés et rapidement évacués par les soins des gradés qui dirigent les nettoyeurs de tranchées.

EXÉCUTION DES COUPS DE MAIN

La grenade est continuellement employée dans l'exécution des coups de main.

Les coups de main sont tentés :

Soit par de petits groupes d'hommes choisis, qui

confiance les uns dans les autres, et particulièrement entraînés au maniement de la grenade;

Soit par une unité également choisie parfois renforcée en gradés et qui laisse de côté auparavant ses éléments incertains.

Les coups de main ont pour but de jeter des grenades dans une partie occupée de la tranchée ennemie, d'attaquer une tête de sape, d'occuper un entonnoir, d'enlever un poste d'écoute ou une tranchée pour ramener des prisonniers.

Le succès d'une opération de cette nature repose essentiellement sur le soin avec lequel elle aura été préparée par des reconnaissances minutieuses et par la répétition à l'arrière de toutes les phases de son exécution dans des conditions aussi voisines que possible de la réalité.

Préparation.

La préparation doit en être poussée avec un soin méticuleux.

Le rôle particulier de l'officier qui doit exécuter le coup de main est :

1° De procéder et faire procéder à toutes les reconnaissances nécessaires (terrain, défenses accessoires, tranchées ennemies, etc.).

Le terrain doit être étudié au double point de vue des cheminements d'approche et des abris permettant de loger des grenadiers à portée de grenade de la position ennemie.

Les organisations défensives ennemies seront avantageusement étudiées sur les photographies d'avions;

2° D'étudier les conditions de l'exécution de l'opération (temps, heure, etc.);

3° D'assigner à chaque groupe un rôle parfaitement défini;

4° De rechercher le meilleur système de ravitaillement;

5° De mettre bien au courant de la manière dont il compte exécuter sa mission, les unités d'infanterie et d'artillerie qui doivent l'appuyer.

L'officier qui doit exécuter le coup de main conduit personnellement le groupe chargé de l'opération principale. Il doit charger spécialement un de ses subordonnés de surveiller le ravitaillement en grenades.

Après la préparation du coup de main, sur place, dans la tranchée, en face des organisations défensives ennemies, la troupe qui doit l'exécuter doit être retirée pendant quelque temps à l'arrière afin de pouvoir se préparer par des exercices appropriés.

Attaque d'une tranchée [...]

Le groupe qui doit [...] le long du
silencieusement de la tranchée ennemie [...]
[...] de l'arrière. L'approche des [...]

[...] le groupe est à proximité [...]
[...] pousser les dernières secondes [...]
[...] devant le point d'attaque, une [...]
[...] est lancée dans la tranchée [...]
après l'aménagement, les grenadiers [...]
tranchée [...]

[...] qu'une pareille situation devrait [...]
d'autres groupes qui, arrivés dans la tranchée
[...] de nettoyage », feraient le plus [...]
d'autre.

Toutes précautions doivent être prises pour
trouver sous le jet des grenades ennemies
[...] quelques mètres en arrière de [...]
qui a pu avoir été prévue par l'ennemi.

[...] a aussi intérêt à agir par [...]
[...] par très faibles [...]

[...] doit exister aucun [...]
ligne de [...] et le groupe de [...]
coups de main, agir dans des conditions [...]
tiennent les grenadiers ou une [...]
lancée. Les grenadiers se terrent et profitent [...]
pour reconnaître leur terrain, analyser le [...]
le but leur point et attendent [...]
fixée.

Pendant le nettoyage de la tranchée, les fusiliers assurent
le service de surveillance d'après les consignes qui leur
ont été données avant le départ.

RAVITAILLEMENT

Le ravitaillement en grenades doit être une des préoccupations constantes du commandement à tous les [...]
lons.

Les mesures les plus minutieuses doivent [...]
pour que les grenadiers ne se trouvent pas [...]
[...], et les provisions doivent être constituées [...]
[...] que deux grenades envoyées du [...]
[...] à destination.

Le ravitaillement comporte, dans le combat [...]
dans l'enclave [...]

[...] les hommes d'un [...]
[...] Les grenadiers d'élite et les [...]
[...] les groupes destinés à combattre [...]

çoivent un approvisionnement plus considérable porté dans des musettes spéciales ;

2° La constitution de dépôts bien abrités et dont l'emplacement doit être connu de tous les grenadiers. Il y a lieu de ne pas trop les multiplier ;

3° L'organisation du transport des grenades depuis les dépôts jusqu'aux combattants.

Dans la défensive, la première condition pour que le ravitaillement soit bien assuré est que les dépôts de grenades soient placés près des postes de combat des grenadiers et établis dans des abris sérieux. Le personnel chargé du ravitaillement devra connaître parfaitement l'emplacement des postes de combat et des divers dépôts ; il devra être placé sous les ordres d'un gradé spécialement chargé de cette mission.

Dans l'offensive, le ravitaillement doit viser non seulement l'approvisionnement des combattants, mais encore la constitution de dépôts avancés, créés au fur et à mesure de la progression.

En principe, on constituera des dépôts : près des boyaux prévus pour joindre la tranchée de départ à celle dont on s'est emparé, en face des boyaux de communication de l'ennemi, à proximité des flancs de l'objectif attaqué.

Les grenades doivent être envoyées en sacs ou en paniers et prêtes à être utilisées.

EMPLOI DES GRENADES A FUSIL.

L'emploi des grenades à fusil bien compris démoralise l'ennemi et lui inflige des pertes beaucoup plus considérables que le bombardement.

On doit étudier très minutieusement la tranchée ennemie, connaître les points où il sera possible de saisir parfois un adversaire (les postes de guetteurs, les abords des abris, les carrefours de boyaux, etc.).

On doit tenir des fusils sur chevalets continuellement dirigés sur ces points afin de pouvoir lancer immédiatement une grenade au moindre indice de mouvement.

Le tir des grenades à fusil se continue sur les points repérés de jour et de nuit.

Malgré l'invisibilité presque complète de l'ennemi, sa faible densité, sa disparition dans les abris, il sera possible de lui causer des pertes sensibles en faisant pleuvoir des grenades à fusil sans trêve en des endroits judicieusement choisis.

Signé : J. JOFFRE.

APPENDICE N° 1.

INDICATIONS
RELATIVES À L'AMÉNAGEMENT
DES TERRAINS D'ÉCOLE.

La création d'un terrain d'instruction nécessite l'aménagement :

1° De 200 mètres de tranchées avec des boyaux d'accès et abris;

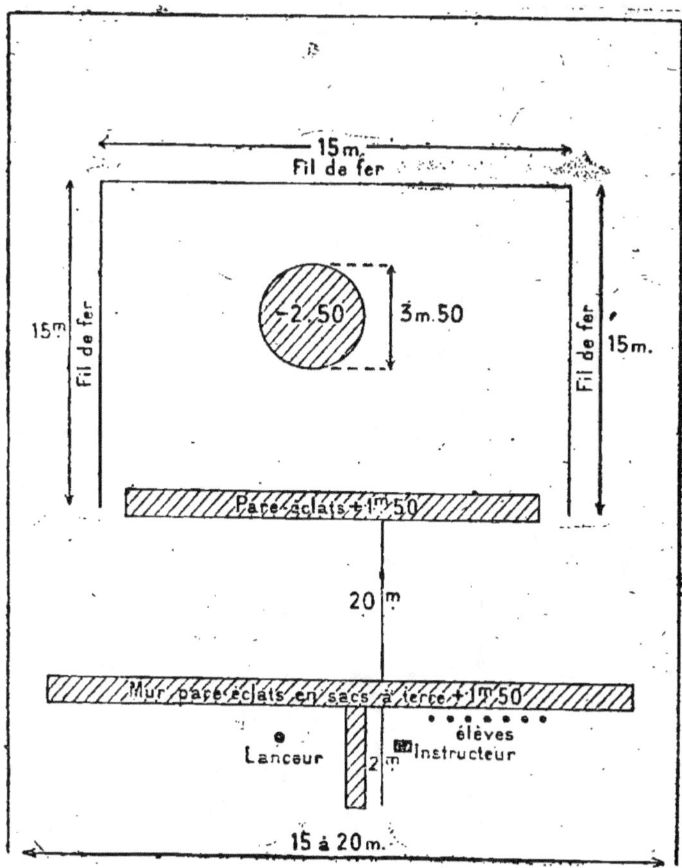

Fig. 10. — Champ de tir pour grenades.

2° D'un trou, qui servira d'objectif pour le lancement des grenades réelles. Ce trou doit avoir 2 m. 50 de profondeur et 3 m. 50 de diamètre.

Il est bon de l'entourer d'un réseau de fil de fer de 15 mètres de côté (pour éviter que des grenades non éclatées soient manipulées par d'autres que des spécialistes.

— A quelques mètres du trou et du même côté que la tranchée de lancement, un pare-éclats de 1 m. 50 de hauteur au-dessus du sol.

Les lanceurs devront être abrités derrière un mur avec traverse ou dans une tranchée.

La planche ci-contre représente en plan une pareille installation;

3° Une tranchée en zig-zag avec traverses circulaires d'environ 30 mètres de longueur;

4° Deux abris à l'épreuve de l'humidité distants d'au moins 100 mètres. L'un reçoit les grenades, l'autre les détonateurs.

APPENDICE N° 2.

EXEMPLES D'ÉPREUVES
POUR
LA NOMINATION DES GRENADIERS.

Première épreuve (éliminatoire).

[OBJET : VÉRIFICATION DE LA PRÉCISION DU LANCEMENT.]

1° *En terrain découvert* : lancer 10 grenades assorties à des distances repérées dans les positions debout, à genoux (debout 3o mètres, à genoux 20 mètres).

Dimension de la tranchée objectif : largeur 1 mètre, profondeur 1 mètre, longueur 3 mètres ;

2° D'une tranchée de 1 m. 8o de profondeur, lancer 10 grenades en tir plongeant dans une autre tranchée placée à 20 mètres et ayant mêmes dimensions que précédemment.

La moitié des grenades doit aller au but dans chacun des exercices 1° et 2° ;

3° Position debout. Lancer des grenades dans une tranchée de combat, d'abord par-dessus une traverse, ensuite par-dessus deux traverses.

Dimensions de la tranchée : profondeur 2 mètres, largeur 1 mètre.

Dimensions des traverses : hauteur 2 mètres, épaisseur 3 mètres.

Nombre de grenades d'exercice à lancer :

Par-dessus la première traverse, 6 grenades assorties (5 doivent toucher au but),

Par-dessus la deuxième traverse, 6 grenades assorties (5 doivent toucher au but).

Deuxième épreuve.

1° Démonter une grenade de chaque modèle :

Six questions sur les propriétés des grenades, détonateurs, fusées, allumeurs ;

Six questions sur l'entretien et la manipulation des grenades;

Six questions sur la tactique du combat à la grenade.

2° Exercices de lancement comme dans le deuxième paragraphe de la première épreuve, mais avec grenades réelles : 6 grenades assorties, 3 au but.

Le candidat grenadier est noté pour chaque partie des deux épreuves.

Pour être classé «grenadier», il faut obtenir au moins 60 o/o du nombre maximum de points.

La première épreuve qui est éliminatoire peut cependant être subie à nouveau. Quiconque y échoue pour la deuxième fois est remis à l'instruction.

APPENDICE N° 3.

RÉCIT DÉTAILLÉ

D'UN COUP DE MAIN

EFFECTUÉ

DANS LA NUIT DU 16/17 NOVEMBRE

PAR DES UNITÉS

DE LA 2° BRIGADE CANADIENNE.

Cette opération peut servir de modèle pour la préparation et l'exécution de toutes celles qui ont pour objet de faire des prisonniers et d'entretenir dans nos troupes de première ligne le sentiment de leur supériorité morale sur l'ennemi.

L'opération exécutée dans la nuit du 16 au 17 novembre dernier par la 2° brigade canadienne (5° et 7° bataillons) a été couronnée d'un succès tel qu'elle semble mériter d'être étudiée pour les leçons qu'on en peut tirer.

Cette attaque, effectuée par deux partis de 25 hommes environ chacun, dont l'un ne peut rien faire, et l'autre ramène 12 prisonniers et tue quelque 5o Allemands au coût total d'un blessé et d'un homme tué par accident, doit sa réussite à deux causes : la première réside dans la supériorité absolue de moral des assaillants, grâce à laquelle ils ont pu faire tous les préparatifs nécessaires sous le nez d'un ennemi qui n'ose plus bouger; la deuxième est la perfection de ces préparatifs dont il semble que le moindre n'avait pas été omis, de sorte que rien ne fut abandonné au hasard.

Le maréchal French, dans ses récentes instructions à ses officiers, a prescrit que tous les moyens fussent employés pour rendre aux Allemands la vie telle qu'elle leur fût un fardeau. Si, en outre d'une utile activité de l'artillerie, il est effectué sur tout le front des opérations aussi fructueuses que celle dont j'ai l'honneur de donner ci-dessous le résumé, les pertes infligées pendant cet hiver à l'ennemi seront sensibles, et son moral sera atteint en même temps que ses ressources en hommes, à un point qui facilitera les opérations le jour où reprendra l'offensive.

Le but de l'opération était d'agir sur le moral de l'ennemi, de lui faire des prisonniers, et de lui infliger des pertes en le forçant à amener des réserves sous le feu de l'artillerie.

Choix des points d'attaque. — Deux attaques simultanées furent prescrites.

Le point d'attaque de gauche fut choisi pour les raisons suivantes :

a) La marche d'approche pouvait avoir lieu sur la rive droite de la rivière de la Douve;

b) L'objectif d'attaque ne pouvait être pris d'enfilade par l'ennemi que d'un seul point, lequel était aisément atteint par les projectiles de nos engins de tranchée;

c) Il y avait trois voies de retraite, toutes défilées aux vues;

d) L'objectif d'attaque avait déjà été violemment bombardé à diverses reprises sans qu'une attaque s'en suivît;

e) Il était en outre protégé par un réseau de fil de fer épais et par la Douve, ce qui inspirait aux défenseurs une fausse sécurité.

Le point d'attaque de droite fut choisi pour les raisons suivantes :

a) Marche d'approche défilée aux vues;

b) Point particulièrement fort de la ligne ennemie;

c) La distance qui le séparait du point d'attaque de gauche était telle qu'elle amènerait l'ennemi à croire à une attaque sur un front étendu.

Considérations d'ordre général. — Les patrouilles et éclaireurs de la 2ᵉ brigade canadienne avaient été depuis longtemps d'une activité telle que l'ennemi avait dû renoncer à placer des postes d'écoute et à envoyer des patrouilles. Peu avant le jour de l'attaque, les éclaireurs canadiens avaient coupé les fils de fer allemands, se frayant un chemin jusqu'à la tranchée allemande dont ils avaient même gravi le parapet. Ils ne cessaient de circuler et de patrouiller sur tout le terrain compris entre les deux lignes.

Préparation de l'attaque. — L'attaque décidée, on choisit pour l'exécuter les officiers et hommes les plus aptes : ces hommes, tous volontaires, furent pris dans la même compagnie, afin de conserver le lien tactique. Ils furent cantonnés pendant une semaine dans une ferme ruinée située en arrière de la première ligne, et on les y pourvut d'une installation aussi confortable que possible, et surtout de chauffage. Un fac-similé de l'objectif fut établi dans un champ et des répétitions de l'opération eurent lieu de jour et de nuit sans qu'aucun détail fût omis, y compris la retraite. Officiers et hommes accompagnèrent de nuit les patrouilles d'éclaireurs sur le terrain qu'ils auraient à parcourir, afin de le connaître parfaitement.

Les échelles de franchissement, les ponts pour traverser la Douve, furent construits et essayés. On plaça les grenades dans des sacs à terre au nombre de 20 dans chaque sac. Les hommes furent exercés à franchir les réseaux de fil de fer au moyen de grillages à lapins. Outre le chauffage surtout utile après l'opération, on prépara du linge, des chaussettes, des effets de rechange.

Grâce à tous ces préparatifs et au fait que chacun savait exactement son rôle, tout se passa comme un travail d'horlogerie.

Organisation de l'attaque. — *Attaque de gauche :*

a) 4 éclaireurs pour couper les fils de fer;

b) 1 officier et 13 hommes (détachement de gauche), pour attaquer et bloquer la tranchée sur le flanc;

c) 1 officier et 12 hommes (détachement de droite), ayant même mission;

d) Détachement de garde des deux ponts : chacun 3 hommes armés du fusil;

e) Détachement de « fusiliers » pour l'attaque de la tranchée : 1 officier et 5 hommes, plus 3 téléphonistes (avec un appareil) et 2 brancardiers:

f) Détachement de soutien du poste d'écoute : 1 sous-officier, 10 hommes, 2 téléphonistes (avec un appareil);

g) Détachement de réserve (qui resta dans la tranchée de départ) : 2 sous-officiers et 20 hommes.

Attaque de droite :

Fut organisée sur les mêmes bases.

Précautions prises pour l'attaque :

a) Suppression de toutes marques et pièces permettant une identification;

b) Tous les officiers et hommes prenant part à l'attaque se masquèrent la face avec un voile noir pour que le visage ne fût pas visible dans l'obscurité, et comme signe distinctif permettant aux assaillants de se reconnaître entre eux;

c) Des lampes électriques de poche, que l'on se procura dans le pays, furent fixées aux canons de fusil des hommes armés de la baïonnette : de la main qui tenait le canon de l'arme on pouvait les allumer. Cela permettait d'aveugler l'adversaire et de voir dans l'intérieur des abris;

d) Des réseaux de fil de fer furent préparés et emportés pour bloquer les tranchées; des revolvers et des cisailles furent distribués aux hommes qui pouvaient avoir à en faire usage;

e) Des points de repère furent établis d'avance sur les différents itinéraires, et aux emplacements des dépôts de grenades.

Conditions climatériques. — L'attaque, prévue d'abord pour la nuit du 15 au 16 novembre, fut remise à la nuit suivante en raison de la hauteur des eaux de la Douve. L'heure fixée avait d'abord été minuit parce que c'est une heure rarement choisie pour les attaques, et qui offre l'avantage en cas d'échec de laisser assez de temps avant le lever du jour pour attendre à couvert que le feu de l'ennemi se taise, et pouvoir se retirer inaperçu. Mais la pleine lune et la gelée blanche qui faisait craquer l'herbe sous les pas auraient décelé la marche d'approche. L'heure de l'attaque fut donc remise à 2 h. 30, une demi-heure après le coucher de la lune.

Préparation et soutien par le feu. — Le 16 novembre à 9 heures du matin, les réseaux de fil de fer furent bombardés non seulement en face des objectifs d'attaque, mais aussi sur divers autres points, et un groupe d'obusiers prit à partie les tranchées qui devaient être attaquées, ainsi que les boyaux y donnant accès. Une batterie de mortiers de tranchée bombarda la ferme de la Petite-Douve et un abri de mitrailleuses durant l'après-midi, et par intervalles au cours de la nuit.

Ces mêmes objectifs furent en butte à un feu de mitrailleuses, ainsi que certains points en arrière, ces derniers pendant les préparatifs de l'attaque. Pendant la journée et la soirée, les « snipers » (tireurs d'élite embusqués), les batteries de fusils et les fusils lance-grenades déployèrent une grande activité. Durant la nuit une fusillade lente fut entretenue aux alentours des points de départ des attaques pour couvrir le bruit fait par les patrouilles.

Pendant l'attaque, l'artillerie fit un tir de barrage en arrière des tranchées allemandes et bombarda tous les chemins, pistes et boyaux par où des renforts pouvaient venir. La batterie de mortiers de tranchée bombarda violemment la ferme de la Petite-Douve, en même temps que de la ligne canadienne était déclanché un feu intense par les mitrailleuses, les batteries de fusils et les fusils lance-grenades.

Travail des éclaireurs. — Dès que le tir de l'artillerie destiné à couper les fils de fer eut pris fin, c'est-à-dire à 4 heures du soir, les éclaireurs sortirent pour se rendre compte du résultat obtenu.

Devant le point d'attaque de droite, le réseau de fil de fer fut signalé détruit. Devant le point d'attaque de gauche, par contre, il était à peu près intact, une rangée d'arbres ayant fait éclater prématurément les obus : il fut donc décidé que ces fils de fer seraient coupés à la main.

A la nuit, 4 éclaireurs se mirent à ce travail, mais n'opérant toutefois que quand la lune était couverte par les nuages. Il leur fallut plus de trois heures pour faire deux brèches complètes, en coupant le réseau de biais par rapport à la tranchée ennemie, afin que la brèche ne fût pas visible.

Ces 4 travailleurs reçurent à trois reprises du cacao chaud et on leur apporta également des gants neufs au cours de l'opération.

Les éclaireurs qui lançaient les ponts reçurent également du cacao. Leur travail était très délicat et dura jusqu'à 2 heures du matin. L'un de ces ponts était à 15 mètres du parapet de l'ennemi.

Des dépôts de grenades furent préparés le long de l'itinéraire.

Exécution de l'attaque de gauche. — Confiée au 7ᵉ bataillon (Colombie britannique). L'attaque fut lancée au moment où tombait une violente averse. La colonne suivit la rive droite de la Douve et, dirigée par les éclaireurs, franchit cette rivière sur le pont que ceux-ci avaient préparé.

Une sentinelle ennemie qui s'abritait de la pluie sous un morceau de tôle ondulée fut abattue d'un coup de revolver par un des officiers et les deux détachements de grenadiers se séparèrent pour attaquer de deux côtés à la fois la tranchée que l'on trouva fortement occupée : les abris étaient à peu près pleins. L'un des partis commença par extraire quelques prisonniers (12), puis on tua tout le reste à la baïonnette ou en jetant des grenades dans les abris. Cependant, les extrémités de la tranchée étaient solidement bloquées, et la communication téléphonique avait été établie dès le début avec les tranchées de départ. Toute l'opération se déroula sans le moindre heurt : à 2 h. 28 le tir de barrage se déclanchait; à 2 h. 32 on pénétrait dans la tranchée ennemie; à 2 h. 34 un coup de téléphone faisait savoir à la tranchée de départ que tout allait bien. Une légère contre-attaque à la grenade, tentée au bout d'un quart d'heure, fut aisément repoussée. A 2 h. 52, au bout de 20 minutes, comme il avait été prescrit, le signal du départ fut donné au sifflet; les prisonniers avaient été renvoyés dès le début.

Malheureusement, un homme en les accompagnant trébucha : son fusil tomba et tua l'homme qui le précédait. On retira les armes et l'équipement du mort ainsi que tout ce qui aurait pu contribuer à renseigner l'ennemi, et on laissa le cadavre. En dehors de ce fâcheux accident, il n'y eut qu'un blessé légèrement.

Des ponts lancés sur la Douve, deux furent enlevés par les éclaireurs aussitôt que le détachement fut revenu sur la rive droite; le troisième fut rapporté la nuit suivante. Toutes les grenades non utilisées furent aussi remportées. Les hommes au retour se changèrent et se réchauffèrent.

Attaque de droite (5ᵉ *bataillon*). — Les éclaireurs avaient rendu compte que le réseau de fil de fer était coupé devant la tranchée ennemie sur un front de 20 mètres; mais il y avait en arrière un fossé plein d'eau et pourvu d'un réseau de fil de fer intact qu'ils n'avaient pas vu. Les cinq hommes marchant en tête du parti tombèrent dedans et n'en furent pas retirés sans difficulté. Cela attira l'attention des Allemands qui ouvrirent le feu, mais les grenades les contraignirent à se tenir tranquilles.

Pendant que l'on retirait du fossé plein d'eau les hommes qui y étaient tombés, ce qui dura quelque temps, les éclaireurs cherchaient un autre passage pour accéder à la tranchée ennemie. Aucun n'ayant pu être trouvé, le détachement se retira, l'arme sous le bras, sans subir la moindre perte.

Lorsque les deux détachements eurent regagné leurs tranchées, l'artillerie canadienne raccourcit son tir et bombarda les tranchées allemandes qui venaient d'être attaquées.

Réaction de l'ennemi. — Elle fut nulle durant 3/4 d'heure, à l'exception de la légère contre-attaque à la grenade mentionnée ci-dessus. Au bout de 3/4 d'heure, une contre-attaque fut lancée de deux côtés sur la tranchée qui avait été prise, exécutée sans doute par le personnel resté vivant à proximité immédiate. Le feu de l'ennemi fut dirigé exclusivement sur la route de Messines, et son barrage d'artillerie fut très lent à venir.

Il dut penser que sa ligne était percée car la ferme de la Petite-Douve fut évacuée, et sa seconde ligne ouvrit une fusillade et un feu de mitrailleuses nourris.

Pertes infligées. — En plus des 12 prisonniers, l'ennemi perdit de 3o à 5o hommes tués. Le feu de l'artillerie dut lui en faire perdre d'autres. Cette attaque fut pour lui une surprise absolue.

Causes du succès. — 1° Supériorité morale acquise à un tel degré que l'ennemi n'osa pas et par suite ne put pas se rendre compte de tous les préparatifs de l'attaque; il n'avait plus un poste d'écoute, et depuis plus d'un mois il était obligé de subir la volonté des Canadiens dont les éclaireurs venaient constamment l'insulter;

2° Soin avec lequel tous les détails furent étudiés, prévus et préparés de telle sorte que rien ne fut abandonné au hasard, des répétitions de l'opération ayant même eu lieu à plusieurs reprises;

3° Bonne coopération de l'artillerie et de tous les moyens d'attaque.

Comment la 2° brigade canadienne était-elle parvenue à cette supériorité du moral qui lui permit de tenter l'opération avec chances de succès et fut la raison même du succès? Lorsqu'elle releva sur cette partie du front la 28° division, l'ennemi avait sa liberté d'action et poussait parfois des incursions jusqu'aux tranchées britanniques. Tout d'abord une ligne de postes d'écoute fut établie en avant et à faible distance des tranchées; puis les postes d'écoute poussés plus loin, et les éclaireurs d'abord, tous les hommes ensuite habitués progressivement à opérer de plus en plus près de la ligne ennemie. Les postes d'écoute allemands furent rejetés derrière leurs fils de fer, enfin obligés, même là, de disparaître, sous peine pour les occupants d'être tués ou enlevés. L'obtention de ce résultat demanda trois mois.

Au bout de ce temps, le terrain qui séparait les deux lignes appartenait aux Canadiens; ils en connaissaient tous les détails ainsi que tous ceux des tranchées allemandes dont les occupants devaient demeurer terrés nuit et jour. Ils savaient y circuler les yeux fermés pour ainsi dire, munis de leur masque contre les gaz. Toute initiative leur appartenait, et les Allemands n'osaient riposter qu'à coups de canon.

APPENDICE N° 4.

DISPOSITIF
DE PROTECTION CONTRE L'ÉCLATEMENT
DES GRENADES ET BOMBES À FUSIL.

Il est facile de construire dans la plupart des tranchées un dispositif de protection contre l'éclatement des grenades et bombes à fusil à système percutant.

Le principe appliqué est le freinage progressif de l'engin par une surface d'impact cédant sous le choc.

On construit deux croix AB, CD, en bois. Les extrémités ACBD sont réunies par un fil de fer assez fort. En O, on plante un gros clou ou tout autre objet pouvant servir de pivot (fig. 11). Les deux quadrilatères ainsi obtenus sont réunis par une planche (fig. 12) BD qui servira d'entretoise.

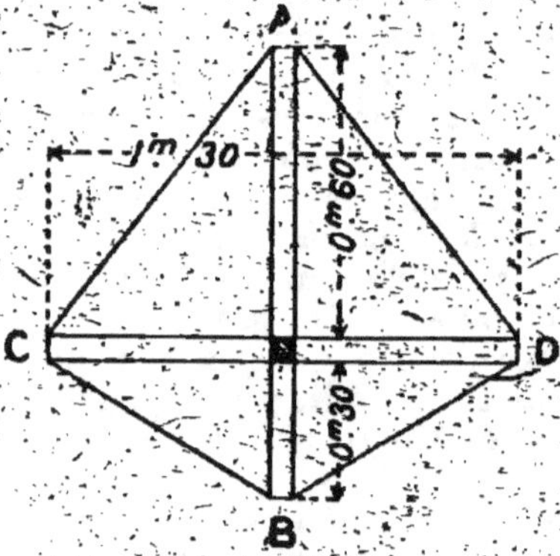

Fig. 11.

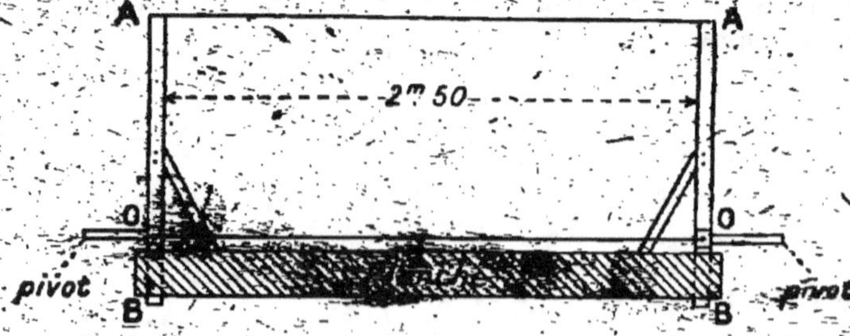

Fig. 12.

Les extrémités AA, CC, DD, sont réunies par un gros fil de fer.

On a ainsi constitué l'armature de l'appareil. On le terminera en revêtant cette carcasse de treillage métallique (fig. 13).

Fig. 13.

Une fois terminé, le pare-grenades est placé au-dessus de la tranchée ou du boyau soit sur des traverses qui serviront de supports aux deux pivots, soit par tout autre procédé.

On l'équilibre au moyen d'un sac à terre posé en travers de l'entretoise. En faisant passer de la terre à droite ou à gauche, on obtient rapidement l'horizontalité de CD (fig. 14).

L'expérience a montré l'efficacité de ce dispositif.

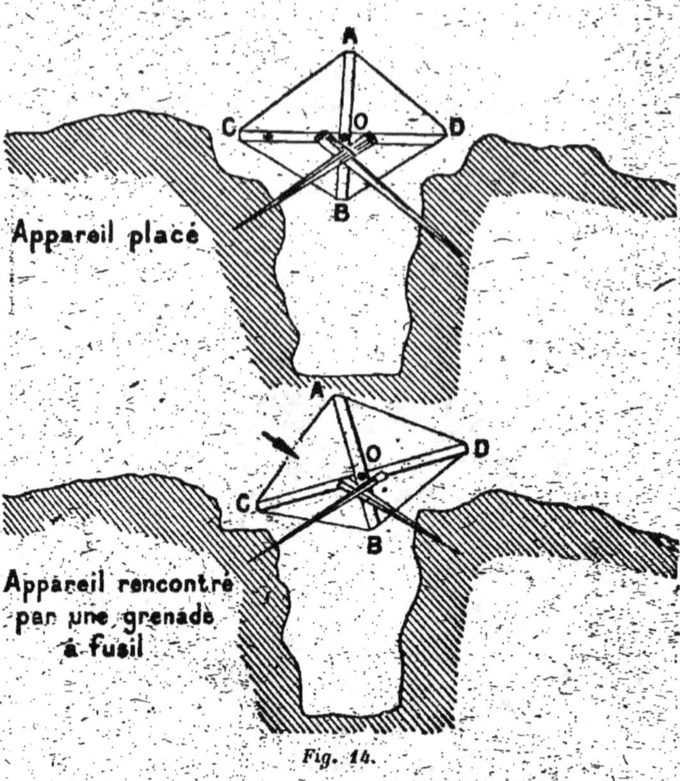

Fig. 14.

OBSERVATIONS

La longueur CD doit être telle que la tranchée soit effectivement couverte. Dans la pratique, on constatera que les grenades n'éclatent pas en tombant sur cet appareil et sont généralement renvoyées assez loin pour ne plus être gênantes.

Les endroits d'une tranchée en butte au tir de grenades sont faciles à repérer. Il suffit d'installer des appareils protecteurs en nombre suffisant.

Le système pivotant présente l'avantage de permettre aux guetteurs de sortir la tête de la tranchée.

Enfin, en soulevant simplement l'appareil, on peut le dégager et le transformer en utile défense accessoire, en particulier, pour obstruer un boyau.

APPENDICE N° 5.

EMPLOI

DE LA GRENADE VIVEN-BESSIÈRES.

La grenade à fusil Viven-Bessières fait partie de l'armement de l'infanterie. Tous les hommes doivent être exercés à son emploi. Le nombre de tromblons mis en service est limité par le poids de l'engin et les nécessités du ravitaillement.

Emploi dans la défensive. — La grenade V.-B. est employée au cours de la défense soit *dans les tirs d'usure,* pour infliger journellement des pertes à l'ennemi, le démoraliser, l'empêcher de continuer ses travaux, soit *dans les tirs de barrage,* pour repousser une attaque.

Tirs d'usure. — L'emploi de ces tirs est basé sur la connaissance des habitudes de l'ennemi. Il est indispensable d'avoir un service d'observation particulièrement bien organisé. En combinant l'observation, l'étude des photographies d'avions, les renseignements de toute nature, on arrivera à préciser les objectifs ainsi que les heures auxquelles le tir sera le plus efficace.

Les tirs d'usure se composent de *tirs individuels, lents et continus* et de *tirs de surprise, violents et rapides,* exécutés par un groupe.

Les tirs lents et continus sont exécutés pendant la journée et surtout pendant la nuit sur certains points tels que croisements de boyaux, abris, latrines, créneaux de guetteurs. Les fusils sont placés sur des chevalets; les inclinaisons à donner à l'arme pour atteindre les divers points repérés doivent être marqués sur le chevalet.

Les tirs de surprise sont exécutés à l'initiative des Commandants de Compagnie ou des chefs de section pour saisir toutes les occasions favorables, telles que relèves, corvées, travaux. Le tir est exécuté par le plus grand nombre possible de fusils. Il débute par une salve et est ensuite continué à volonté avec le maximum de rapidité. La durée du tir dépend du temps pendant lequel l'ennemi reste vulnérable. Ce tir brusque et violent est suivi d'un tir d'*interdiction* défini ci-dessous.

Les tentatives de riposte doivent être immédiatement éteintes par de violentes concentrations de feux.

Quand les tirs d'usure ont pour but d'empêcher l'ennemi de réparer les dégâts causés par l'artillerie à ses défenses et ses réseaux, le tir est exécuté à une cadence lente ou par salves ; c'est le *tir d'interdiction*.

Tirs de barrage. — Combinés avec le jet de grenades, sont destinés à arrêter une attaque ennemie. Ces tirs prennent une importance considérable quand la rupture des communications ou la proximité des défenses adverses rendent les tirs de barrage de l'artillerie inefficaces.

Emploi dans l'offensive. — Les grenades V.-B. sont employées dans l'offensive pour préparer un assaut partiel, pour couvrir les flancs d'une attaque de faible importance, au cours de la lutte dans les boyaux.

Préparation d'un assaut partiel. — Les grenades à fusil servent au cours du combat à préparer l'assaut d'une fraction d'infanterie lorsque l'action de l'artillerie est inefficace et que la distance est trop grande pour permettre le jet de grenades à main.

Protection des flancs d'une attaque. — Dans les attaques effectuées sur un faible front, dans les coups de main, des groupes munis de fusils tromblons seront très utilement employés à couvrir les flancs. Au cours d'une attaque importante, cette situation se présentera fréquemment dans les actions offensives de détail nécessitées par la conquête des divers points d'appui.

Lutte dans les boyaux. — La grenade à fusil est avantageusement employée pour entraver à grande distance le ravitaillement en grenades de l'ennemi et lui barrer ses voies de repli.

DISPOSITIONS PARTICULIÈRES.

1° Les canons pour le lancement de l'obus V.-B. seront portés par les hommes au ceinturon dans un étui de cuir que les corps de troupe confectionneront par leurs propres moyens ;

2° Les obus V.-B. seront portés par les tireurs soit dans

ces ceinturons à grenades, soit dans les paniers à grenades ;

3° Le ravitaillement des tireurs sera assuré dans les conditions prévues actuellement pour les grenadiers. Il sera relativement facile dans la défensive.

Dans l'offensive, par contre, il se heurtera à de grandes difficultés, tant que les boyaux de communication n'auront pas été établis. Il y aura donc lieu de donner aux hommes armés du canon V.-B. en vue d'une action offensive déterminée le plus grand nombre d'obus qu'ils pourront porter.

4° Les voitures données récemment aux corps de troupe pour le transport des grenades, téléphone, fils de fer, etc., seront également utilisées pour le transport de l'obus V.-B.

J. JOFFRE.

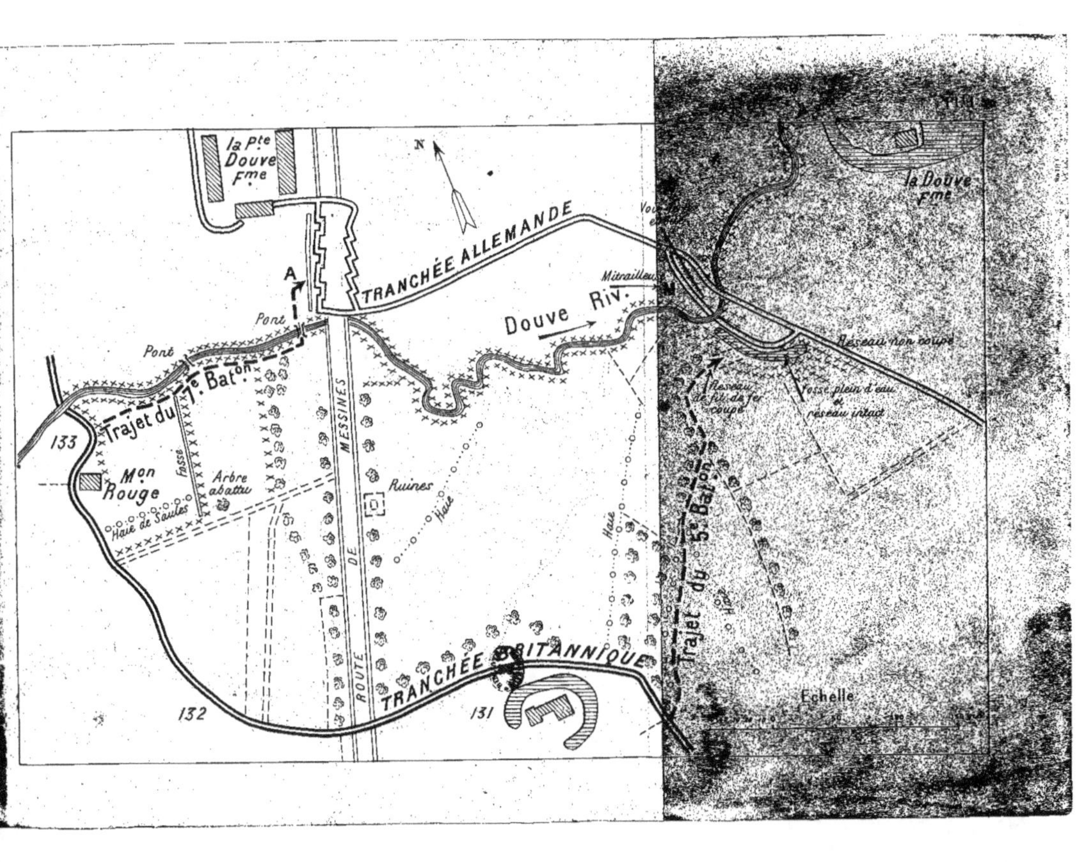

la Pte Douve Fme
N
TRANCHÉE ALLEMANDE
Douve Riv.
Mitrailleuse
A
Pont
Pont
Trajet du 7e Bat.on
133
Mon Rouge
Fossé
Arbre abattu
Haie de Saules
Ruines
Haie
Haie
ROUTE DE MESSINES
TRANCHÉE BRITANNIQUE
132
131
la Douve Fme
Réseau non coupé
Réseau de fil de fer coupé
Fossé plein d'eau réseau intact
Trajet du 5e Bat.on
Echelle

APPAREIL DE PROTECTION
CONTRE LES GRENADES A FUSIL
ET ENGINS SIMILAIRES

Deux axes rectangulaires (fig. 1) portent pivot en O. — A C B D sont reliés avec du fil de fer.

Deux montages semblables ayant été effectués, on les assemble comme indiqué fig. 2.

A A, C C, D D, sont reliés par un fil de fer. B B est entretoisé par une planche.

Cette carcasse terminée, on la recouvre entièrement de treillage de fil de fer.

L'ensemble est posé au-dessus des tranchées de manière à pouvoir pivoter sur les pivots O.

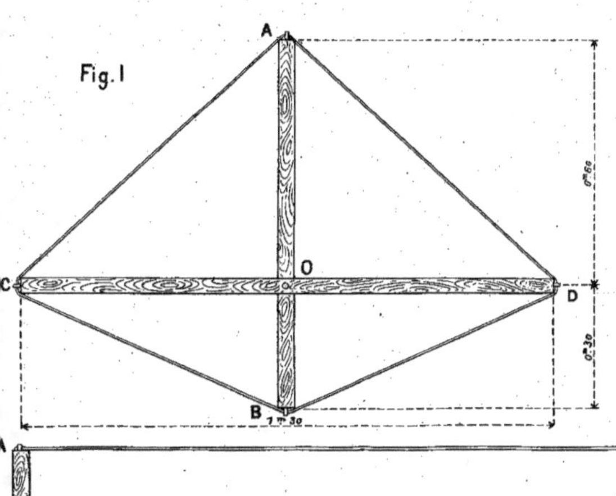

Fig. 1

Fig. 2